Comment passer du rêve à la réalité ?

Junior Pérets

Editions Vision Biosphère
Voir la vie dans toutes ses possibilités
ISBN : 9782956469377

Dépôt légal : Juillet 2021

Le Code de la propriété intellectuelle n'autorisant, aux termes des paragraphes 2 et 3 de l'article L.122-5, d'une part, que les « copies ou reproductions strictement réservées à l'usage privé du copiste et non destinées à une utilisation collective » et, d'autre part, sous réserve du nom de l'auteur et de la source, que les « analyses et les courtes citations justifiées par le caractère critique, polémique, pédagogique, scientifique ou d'information », toute représentation ou reproduction intégrale ou partielle, faite sans le consentement de l'auteur ou de ses ayants droit ou ayants cause, est illicite (article L.122-4).Cette représentation ou reproduction, par quelque procédé que ce soit, constituerait donc une contrefaçon sanctionnée par les articles L.335-2 et suivants du Code de la propriété intellectuelle. Nous rappelons donc que toute reproduction, partielle ou totale, du présent ouvrage est interdite sauf autorisation de l'Éditeur ou du Centre français d'exploitation du droit de copie (CFC-3, rue d'Hautefeuille-75006 Paris.

Du même auteur

Il n'y a pas un pays de rêve. Il n'y a que des pays où les rêves se réalisent. Il n'y a pas d'hommes, ni de femmes de rêve. Il n'y a que des hommes et des femmes qui réalisent leurs rêves.

A Jean-Paul Babungu Mosolo, mon premier encouragement.

Pourquoi j'ai écrit ?

La concrétisation de votre rêve se prépare dans le présent. La société dans laquelle nous vivons est celle du vite fait. La considération des choses est sous l'angle de l'événement et de la solution instantanée. Ce qui fait de nous des partisans de l'instantané. Mais ce n'est pas le fait que nous prenions du café, du thé et du lait instantanés que tout le devient. Tout doit être préparer. Si vous voulez faire une chose pour laquelle vous n'avez pas été préparé, c'est comme si vous vouliez manger une omelette sans casser des œufs. C'est frustrant et cela produit un résultat peu convaincant. D'autre part, vous y perdez votre temps, vos talents et votre énergie. Pour passer du rêve à la réalité, la préparation est nécessaire.

Afin d'éviter les erreurs, John C. Maxwell nous donne quelques types de rêves qui n'en sont pas en réalité, à savoir :

- Le rêve tout éveillé : ce qui vous distrait lorsque vous travaillez ;
- Les rêves en couleur : les idées folles fondées ni sur une stratégie, ni sur la réalité ;
- Les mauvais rêves : les inquiétudes qui suscitent la peur et l'inertie ;
- Les rêves idéalistes : vivre en pensant que le monde dépend de vous ;
- Les rêves par procuration : les rêves vécus par l'intermédiaire de quelqu'un d'autre ;
- Les rêves romantiques : l'idée que certaines personnes feront votre bonheur ;

- Les rêves de carrière : l'idée que la réussite professionnelle fera votre bonheur ;
- Les rêves de destination : l'idée qu'un poste, un événement, un titre ou un prix fera votre bonheur ;
- Les rêves matérialistes : l'idée que la richesse ou les biens matériels feront votre bonheur.

Dans la vie, tout le monde a au moins un rêve. J'ai entrepris de savoir comment réaliser le mien. Je reconnais que beaucoup de personnes m'ont aidé. Dans cette aventure, je suis passé du rêve à la réalité. J'ai beaucoup appris. Pour cette occasion, je fais un résumé qui concerne comment passer du rêve à la réalité. Ne prétendant pas tout connaître, voici deux citations qui m'ont motivé à partager cette synthèse avec vous :

- Dale Carnegie a dit : « *Les idées les plus brillantes au monde sont sans valeur si vous ne les partagez pas* ».

- Périclès a dit : « *Celui qui a des idées et ne sait pas les exprimer n'est pas plus avancé que celui qui n'en a pas* ».

Ce livre n'est pas une recette pour accomplir vos rêves, mais il vous aide à trouver vous-même vos réponses. Les enseignements que vous allez retirer de la lecture contribueront à votre sagesse personnelle, qui ne sera ni la mienne ni celle de personne d'autre, mais votre propre sagesse.

Passer du rêve à la réalité

Lorsque le concept est erroné, les résultats seront infailliblement erronés, disait Dede Kasay. Qu'est-ce qu'un rêve ? D'après John C. Maxwell : « *Un rêve est une représentation de l'avenir qui stimule l'esprit, la volonté et les émotions, qui rend la personne capable de faire tout ce qui est en son pouvoir pour le réaliser* ». Il explicite en disant : « *Le rêve est une image inspirante de l'avenir qui stimule notre esprit, notre volonté et nos émotions, en nous donnant les moyens de le réaliser* ». Sharon Hull a dit : « *Le rêve est la possibilité semée dans l'âme d'un être humain, une image qui l'amène à suivre un chemin unique vers la réalisation de son but* ».

Avoir un rêve dans la vie est une trêve à la distraction. C'est pour les uns une folie et pour d'autres une situation meilleure que le présent. Il n'est pas interdit de rêver, comme le disait mon père. Le monde d'aujourd'hui était un rêve hier, aujourd'hui devenu réalité. Le rêve est gratuit mais le parcours ne l'est pas. On n'abandonne pas un rêve en général parce qu'il n'en vaut pas la peine, mais lorsqu'il n'est pas accompagné des disciplines quotidiennes nécessaires à son accomplissement, a dit John C. Maxwell.

Il n'est jamais trop tard pour avoir un rêve et le poursuivre. Vous vous demandez peut-être comment un rêve voit le jour ? C'est par l'imagination, en d'autres termes ce qui passionne votre imaginaire. Selon Robert Orben, il y a deux types de personnes dans ce monde : les réalistes et les rêveurs. Les réalistes savent où ils s'en vont. Les rêveurs y sont déjà allés.

Il n'y a pas de moment parfait pour poursuivre vos rêves. La procrastination ne vous aidera pas à les accomplir. Il est essentiel de croire en soi. Même si personne ne croit en vous. Il est possible que votre rêve devienne une réalité. Ne vous attendez pas à ce que tout le monde puisse croire en vous et en votre rêve. Ne comparez pas le vôtre à celui des autres. Votre rêve, c'est votre identité. Ne vivez pas avec un rêve emprunté, ni celui que vous jalousez, ni celui que vous imitez. Vous allez vous essouffler en le poursuivant. Parce qu'il ne vient pas de vous. Le rêve est autobiographique. Il arrive un temps dans l'apprentissage de tout homme où il acquiert la conviction que la jalousie, c'est de l'ignorance. L'imitation, c'est un suicide.

Quelle que soit la clarté de votre rêve, il exigera la participation des autres. L'homme est un être social. Il est préalable d'avoir de bonnes relations humaines. Certes, il y a des tueurs de rêves, mais il y a aussi ce que j'appelle les hommes et les femmes de votre parcours. Ils contribueront à l'accomplissement de votre rêve. L'aide de vos relations multipliera vos capacités. N'importe quelle personne qui a pu réaliser son rêve a eu une équipe de gens qui l'ont aidée. Avoir un rêve, c'est aussi quitter un langage individuel pour un langage communautaire. Ce n'est pas la quantité de personnes qui compte, mais c'est leur qualité. Je n'ignore pas l'importance de la quantité. Nous n'avons pas tous besoin de la même quantité de personnes pour parvenir à nos fins. C'est comme dans la construction : toutes les maisons n'ont pas besoin de la même quantité de briques. Aujourd'hui, il n'y a personne qui puisse évoluer en vase clos. Le plus haut niveau dans la vie n'est pas l'indépendance mais l'interdépendance, c'est-àdire que ce que vous avez, vous le mettez au service des autres et vice-versa.

Le but de votre rêve n'est pas de gagner beaucoup d'argent, mais de rendre un service pour le bien-être de l'humanité. Votre rêve doit profiter aux autres. Jim Rohn a dit : « *Les deux assassins d'un rêve sont l'impatience et l'appât du gain* ». Le but n'est pas non plus de devenir célèbre. L'argent et la célébrité ne sont que des résultats du travail bien fait. Ce n'est pas non plus de devenir votre propre chef. Vous dirigez déjà votre vie.

Comment réaliser un rêve ? Le rêve ne se réalise pas par un coup de baguette magique ni par accident. Un rêve devient une réalité par vos actions, qui proviennent en grande partie de vos habitudes. La passion est le carburant qui vous permettra d'aller jusqu'au bout de votre rêve. Vouloir réaliser son rêve, c'est sortir de sa zone de confort. Il n'y a personne d'autre qui réalisera votre rêve à part vous. Il vous faut travailler pour son accomplissement. Dans un rêve, il n'y a rien qui puisse être magique.

Votre rêve commence à se réaliser le jour où vous êtes conscient d'en avoir un. Ce qui exige de commencer là où vous êtes. Il n'y a pas un pays de rêve. Il n'y a que des pays où les rêves se réalisent. Il n'y a pas d'hommes, ni de femmes de rêve. Il n'y a que des hommes et des femmes qui réalisent leurs rêves. Pour accomplir votre rêve, il vous faut un plan. Il permet de répondre aux questions : qui ou quoi, pourquoi, comment, quand, avec qui et combien ?

Il n'y a pas de grands rêves, ni de petits. Il n'y a que le prix à payer pour leur accomplissement. Un rêve est toujours gratuit. Le prix à payer commence à la première seconde de sa mise en œuvre. La première mise en œuvre, c'est l'écriture. Un rêve est comme le soleil. Ceux qui le captent sont les plus heureux. Ils l'utilisent comme source d'énergie. Mais pour d'autres, le soleil est un message simple qui dit qu'il fait jour. Le prix à payer est continu. Un rêve se conçoit sans difficulté mais il n'en manque pas dans son accomplissement. Il y a toujours des solutions. Mwembia Kabeya a dit : « *Si quelqu'un peut s'asseoir à l'ombre d'un arbre, c'est que quelqu'un l'a planté. Leçon : le monde existe depuis des millénaires. Pas un problème qui n'ait de solution. Celle de votre problème se trouve quelque part. Il vous faut trouver la bonne personne.* »

Vous serez critiqué et traité d'orgueilleux. Un rêve vient vous sortir des sentiers battus dans un monde jonché d'embûches. Pendant que certains trouvent que c'est impossible, vous trouvez que c'est possible.

Vous n'aurez pas tous les moyens lors de l'exécution de votre rêve. Ce n'est qu'en chemin que vous les aurez. Il faut d'abord savoir ce dont vous avez besoin pour l'avoir. À la naissance, nous n'avons pas reçu un dépôt d'aliments, de vêtements, d'objets quotidiens… pour notre existence. Je sais qu'il faut vivre d'une manière prévisionnelle lorsque cela n'existe pas. Il faut commencer avec ce que l'on a, sans quoi nous ressemblons au fer exposé à l'air libre qui finit toujours par rouiller. Ne vous inquiétez pas de votre avenir.

Accomplir son rêve, c'est comme s'embarquer dans un voyage. C'est un long voyage avec beaucoup d'étapes.

Pour les connaisseurs, on ne peut voyager qu'avec ce qui nous servira pendant le trajet. Lors de la mise en œuvre, c'est prendre ce qui vous sera utile dans votre parcours et vous débarrasser de tout ce qui vous sera inutile. Vous êtes le seul à savoir faire la différence entre les deux.

Votre rêve ne peut pas se réduire à prouver quelque chose aux autres. La seule personne à laquelle vous devez prouver quelque chose, c'est vous-même. En effet, l'objet de votre orgueil peut être minime pour autrui. Ce qui fait l'objet de votre orgueil dans le présent peut être le passé de quelqu'un. La vie ne commence pas par nous. Vous n'êtes pas le centre de la Terre. Soyons humbles. La vie n'est pas une compétition. Ce n'est pas en éteignant la flamme de l'autre que vous allez allumer la vôtre. L'humilité, c'est aussi accepter nos différences.

Pour concrétiser votre rêve, il vous faut investir en vous et dans la vie de ceux qui vous aident. Vous devez élever et aiguiser votre esprit, investir dans le développement de vos compétences. Nous devons acquérir des aptitudes et des compétences.

Il y a ceux qui croient qu'avoir un rêve appartient à une catégorie de gens. Non, les rêves n'appartiennent pas à une seule catégorie de personnes, mais seulement à ceux qui savent les capter. Laissez-vous inspirer bonnement. Si nous continuons à copier, comment allons-nous être ? Si les gens ne s'étaient pas laissé inspirer, nous n'en serions pas à ce niveau. Nous parlons ici de l'inspiration qui nous apporte des solutions durables. Laissez-vous inspirer.

L'accomplissement de votre rêve n'est pas une fin en soi. La vie continue. Certes, la vie est difficile, mais ce que vous désirez faire et devenir est disponible à vous. Si vous regardez la réalité en face, la façon dont vous voyez la vie détermine votre manière de la vivre. La définition de votre existence conditionne votre avenir. Votre façon d'investir votre temps, de dépenser votre argent, d'utiliser vos talents et de considérer vos relations est influencée par votre perspective de la vie. Ce qui est grave, c'est d'abandonner. Ce n'est pas grave de se sentir découragé. Le meilleur moment pour agir, c'est maintenant. On ne commence qu'avec le peu que l'on a. Les grandes occasions se présentent rarement, elles se présentent comme des petites. Aussi, notre vie implique également notre conduite, les caractères de nos actions doivent être en harmonie avec nos convictions et notre conduite doit témoigner de ce que nous visons. John C. Maxwell a dit : « *Il y a des gens qui passent leur vie entière à souhaiter au lieu de se mettre à l'action. Ils ne se risquent jamais dans l'arène de l'action ; ils restent tristement assis dans les coulisses et souhaitent. Les gens les plus heureux sont ceux qui réalisent leurs rêves.* »

Tout marchera le jour où tu t'y attendras le moins. N'aie pas peur de l'avenir. La peur est la conséquence de l'ignorance. Ce jour-là tes rêves deviendront une réalité. Tu te souviendras de ce jour.

Mon identité

Les écrits et les paroles sont ce que le cœur et la pensée n'ont pas pu retenir. J'ai écrit pour la continuité et non pour la fatalité.

Je suis écrivain. Mes écrits ne sont pas vains. Mais enivrent comme du vin, non pas pour troubler l'ordre public mais pour améliorer la vie publique. Mes écrits bonifient la vie de ceux qui les lisent. Comme le vin se bonifie avec le temps.

Mes écrits constituent un voyage où les lecteurs ne retournent pas le même. Dans ce voyage, leurs convictions sont consolidées. Leurs visions de la vie changent. La réflexion est d'actualité. Des changements internes s'opèrent. Une façon d'agir est adoptée. Le silence où une musique en sourdine est en vigueur. L'ignorance est chassée.

Je ne suis pas un donneur de leçons, mais je transmets ce que j'ai appris des autres, surtout des anciens. Ce qui arrive aux autres, en bien ou en mal, peut aussi m'atteindre. Les anciens, parce que l'on ne marche pas sur les pieds des anciens, mais l'on suit leurs traces. Car une leçon mal apprise est toujours reprise. Il n'y a pas de nouvelles gaffes, il n'y a que de nouveaux gaffeurs.

Les mots sont pour moi la matière première de mon usine pour procurer le bien-être, l'espoir et permettre de voir la vie dans toute ses possibilités.

Je suis un don au monde et j'ai ce droit de rendre ce que j'ai reçu, on ne donne que ce que l'on a.

Si un sociologue étudie la société, moi j'écris pour que dans cette société, il puisse y avoir de l'espoir. Si un géologue étudie la terre, j'écris pour que sur cette terre l'homme puisse jouir pleinement de sa vie. Si la musique est l'art de combiner les sons de manière agréable à l'oreille, l'écriture est l'art de combiner les mots de manière agréable au cerveau.

Je suis un des libérateurs de pensées emprisonné dans l'ignorance pour voir la vie du bon côté. Je suis l'un des générateurs de vision pour que l'être humain puisse percevoir sa vie au-delà du présent.

Je suis le soldat de l'écriture, mes munitions sont les mots. Mon arme, c'est le livre. Je défends la terre du désespoir. En tirant, je donne de l'espoir et une nouvelle vision.

Mes mots sont les sels de la pensée, une protection à la putréfaction. Je suis le cuisinier de belles phrases au restaurant de la littérature. La douceur des mots est seulement reconnue par ceux qui dévorent les livres.

Je suis un pauvre pour les ignorants et un riche pour ceux qui veulent apprendre. Toute la vie n'est qu'un apprentissage.

Je suis celui qui s'est donné un devoir d'apprendre et transmettre en me remettant en cause. Je suis l'inconnu des ignorants et le célèbre des lecteurs. La connaissance est mon héritage. Les amoureux de la lecture deviennent automatiquement les héritiers.

Le concept Vision Biosphère

Dede Kasay disait : « *Lorsque le concept est erroné, les résultats seront infailliblement erronés* ». C'est ainsi qu'il nous est nécessaire d'expliquer le concept Vision Biosphère :

- La Vision : c'est voir non pas ce qu'il y a, mais ce qui doit être et en faire une réalité. Car, « *une vision sans action n'est que rêverie et des actions sans vision ne sont que des passe-temps* », a dit Mwembia Kabeya. En d'autres termes, c'est l'image mentale de ce qu'on veut faire (entreprendre) ;

- La Biosphère : c'est la partie du globe terrestre ou la vie est possible en permanence. Elle répond à la grande distinction entre le monde vivant et le monde inerte. C'est un terme pris de l'écologie qui étudie les rapports des êtres vivants et leurs milieux.

Notre expertise

Nous sommes une entreprise d'édition, de formations et conseils. Notre expertise consiste à vous révéler les possibilités qui s'offrent à vous. Nous vivons dans une société qui classifie les gens en gagnants et perdants, pauvres et riches, forts et faibles... La classification cache une certaine discrimination. Comme si tous les rapports humains devaient aboutir au triomphe des uns et à la défaite des autres. Vous n'êtes pas obligés d'appartenir à une catégorie ou une autre, mais de voir la vie dans toutes ses possibilités.

Nos motivations

Quelqu'un a dit : Si le but d'une chose n'est pas connu, son abus est inévitable. Nos motivations, nous les puisons dans les citations suivantes :

- Dale Carnegie a dit : *"Les idées les plus brillantes au monde sont sans valeur si vous ne les partagez pas"*.

- Périclès a dit : *"Celui qui a des idées et ne sait pas les faire passer n'est pas plus avancé que celui qui n'en a pas"*.

- Toute personne a quelque chose à donner aux autres.

Références bibliographiques

Maxwell J. C., *No limits*, Groupe international d'édition et de diffusion, 2019.

Maxwell J. C., *Devenez ce que vous devriez être*, Groupe international d'édition et de diffusion, 2005.

Maxwell J. C., *Du rêve à la réalité*, Québec, Éditions du Trésor Caché, 2010.

Maxwell JC., Pensez succès. Editions du trésor caché,2017.

Pérets J., *Comment réussir avec les autres : les relations humaines comme une arithmétique*, Vision Biosphère, 2018.

Pérets J., *La vie continue quel que soit votre passé*, Vision Biosphère, 2020.

Rohn J., *Stratégies de prospérité*, Un monde différent, 2015.

Remerciements

Je remercie ici :

Cristina Maria Pereira pour tout son amour à mon égard.

Jean-Paul Babungu, Kabeya Mwembia, Héritier Diniame, Sina Kabeya, Berto Y. Malouona Nzouzi et Evanhove Madzou qui m'accompagnent dans ce métier passionnant.

Ma famille, le nid à partir duquel j'ai fait mes premiers pas et pris mon envol.

Tous ceux qui m'encouragent et me découragent. Que tous ceux qui se reconnaîtront dans leur contribution à cette œuvre trouvent par ces mots l'expression de ma profonde gratitude. J'ai écrit avec vous. Je vous remercie aussi. Je ne saurais pas être plus explicite et plus certain dans le choix de mes mots.

Table des matières

Pourquoi j'ai écrit ?..............................1
Passer du rêve à la réalité..................3
Mon identité..9
Le concept Vision Biosphère............12
Références bibliographiques............14
Remerciements..................................15

Contact

Nous souhaitons échanger avec vous :
 visionbiospherebusiness@gmail.com
Facebook : Vision Biosphère
Twitter: Junior Pérets
Instagram: Vision Biosphère

Notes